小熊学本领

Little Bear Learned Skills

冠滨漫画

海豚出版社

sēn lín lǐ yǒu zhī xiǎo xióng　　tā měi tiān zhǐ zhī dào wán shuǎ
森林里有只小熊，他每天只知道玩耍。

In a forest lived a little bear (🐻), who cared for nothing except playing all day long.

zhè yì tiān xióng mā ma duì xiǎo xióng shuō   hái zi   nǐ yǐ jīng zhǎng dà le

这一天，熊妈妈对小熊说："孩子，你已经长大了，

yīng gāi xué diǎn dōng xī

应该学点东西。"

One day his mother spoke to him concernedly: "My child, you have grown up and you'd better learn something for your own good."

yú shì xiǎo xióng jué dìng qù zhǎo xiǎo gōng jī xué chàng gē
于是,小熊决定去找小公鸡学唱歌。

So, Little Bear decided to learn how to sing a song from Little Rooster ( ).

chàng le yí huì ér　xiǎo xióng jiù hǎn sǎng zi téng　tā bù xué le

唱了一会儿，小熊就喊嗓子疼，他不学了。

He went to the rooster and learned from him for a while, but he gave up singing very soon when he felt his throat a bit sore.

xiǎo xióng ná qǐ yí kuài bù liào qù zhǎo xiǎo yáng　　tā xiǎng gēn xiǎo yáng xué cái jiǎn
小 熊 拿 起 一 块 布 料 去 找 小 羊 ，他 想 跟 小 羊 学 裁 剪。

Little Bear took a piece of cloth and went to ask Little Lamb () to teach him how to cut out clothes.

可是，小熊学了一会儿就又喊手疼，他又不学裁剪了。

This time, he still could not persist very long and cried out repeatedly, "Oh, my dear, I can't bear my terrible hand-ache."

xiǎo xióng kàn dào xiǎo niú zài huà huà　　jué de hěn hǎo wán　　yòu xiǎng gēn xiǎo niú xué
小熊看到小牛在画画，觉得很好玩，又想跟小牛学

huà huà le
画画了。

When he saw Little Bull () painting a picture, Little Bear thought that this was interesting, and that he should learn from him.

kě xiǎo xióng huà le yí huì er jiù jué dé fán le　　tài nán le　　tài nán le
可 小 熊 画 了 一 会 儿 就 觉 得 烦 了："太 难 了，太 难 了，

wǒ bù xué le
我 不 学 了 。"

Little Bear practiced painting and soon became annoyed . He thought: "It's too difficult for me. I must learn something else but not this one."

guò le jǐ tiān xiǎo xióng yòu yuē shàng xiǎo tù zi yì qǐ qù hé biān xué yóu yǒng
过了几天，小熊又约上小兔子，一起去河边学游泳。

Several days later he invited Little Rabbit ( ) to learn to swim together with him. They came to the riverside.

xiǎo tù zi xué de hěn rèn zhēn　　kě xiǎo xióng yì zhí hǎn　tài lèi le　　yòu bù

小兔子学得很认真，可小熊一直喊"太累了"，又不

xué le

学了。

Little Rabbit (　　)learned swimming earnestly. But before long, Little Bear began to cry once again, "It has tired me out."

zuì hòu　xiǎo xióng shén me yě méi xué huì　hòu lái dà jiā dōu jiào tā　xiǎo bèn xióng
最后，小 熊 什么也没学会，后来大家都叫他"小笨熊"。

In the end, Little Bear ( ) learned nothing at all. As a result, he was called by everyone "Little Stupid Bear".

看一看，上面三幅图中哪一幅与小熊画的完全一样？

Which one is the same with the picture drawn by the little bear?

小毛驴过河

Little Donkey Cross a River

yì tiān zǎo shàng   xiǎo máo lǘ kàn dào mǎ ā   yí zài cāng kù mén kǒu zhuāng yán   zhǔn
一天早上，小毛驴看到马阿姨在仓库门口装盐，准

bèi sòng wǎng nóng chǎng
备送往农场。

One morning, Little Donkey saw Aunt () Horse packing salt at the gate of a stock house, preparing to deliver it to the farm.

tā duì mǎ ā yí shuō wǒ bāng nín sòng ba mǎ ā yí shuō xiè xiè
他对马阿姨说：“我帮您送吧！”马阿姨说：“谢谢

nǐ kě lù shàng yào guò yì tiáo hé nǐ yào xiǎo xīn
你！可路上要过一条河，你要小心。”

He said to Aunt (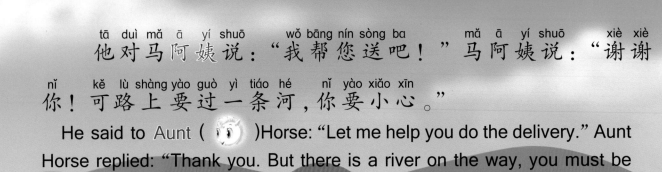)Horse: "Let me help you do the delivery." Aunt Horse replied: "Thank you. But there is a river on the way, you must be careful."

bù yí huì ér   xiǎo máo lú bēi zhe yán dài lái dào le xiǎo hé biān
不一会儿，小毛驴背着盐袋来到了小河边。

Shortly, Little Donkey came to the river carrying the salt bag.

xiǎo máo lú xiǎo xīn yì yì de tāng shuǐ guò hé　yóu yú gè tóu xiǎo
小毛驴小心翼翼地趟水过河。由于个头小，

yán dài jìn rù hé shuǐ lǐ
盐袋浸入河水里。

He carefully stepped into the water and crossed the river, but the salt bag immersed into the river because of his short height.

shàng àn hòu　xiǎo máo lǘ jué de yán dài biàn qīng le　tā méi duō xiǎng　bēi zhe
上岸后，小毛驴觉得盐袋变轻了，他没多想，背着

yán dài jì xù xiàng nóng chǎng zǒu qù
盐袋继续向农场走去。

After he went ashore, Little Donkey felt the salt bag becoming lighter. But he did not think too much, and went on his way to the farm with the salt bag.

dào le nóng chǎng   niú bó bo fā xiàn yán de fèn liàng bú gòu
到了农场，牛伯伯发现盐的分量不够。

At the farm, Uncle ( ) Bull found that the salt was short of weight.

niú bó bo yòu ràng xiǎo máo lú bāng máng gěi mǎ ā yí yùn huí yí dài mián huā
牛伯伯又让小毛驴帮忙给马阿姨运回一袋棉花。

And he asked little donkey to do him a favor, sending a bag of cotton back to Aunt Horse.

xiǎo máo lú guò hé shí mián huā dài yě bèi hé shuǐ jìn shī le
小毛驴过河时棉花袋也被河水浸湿了。

The cotton bag was also soaked when Little Donkey crossed the river.

shàng àn hòu   xiǎo máo lú jué de mián huā biàn zhòng le   tā yǒu xiē nà mèn

上岸后，小毛驴觉得棉花变重了，他有些纳闷。

After going ashore, he felt the cotton becoming heavier and got puzzled.

tài yáng kuài yào luò shān shí　　xiǎo máo lú cái huí dào mǎ ā yí de cāng kù

太阳快要落山时，小毛驴才回到马阿姨的仓库。

Little Donkey returned to the stock house of Aunt () Horse at nearly sunset.

tā bǎ shì qíng de jīng guò jiǎng gěi mǎ ā yí tīng　mǎ ā yí xiào le　　yán
他把事情的经过讲给马阿姨听。马阿姨笑了："盐

bèi shuǐ róng huà　suǒ yǐ yán dài biàn qīng le　mián huā xī shuǐ　suǒ yǐ huì biàn zhòng le
被水融化,所以盐袋变轻了;棉花吸水,所以会变重了。"

He told everything to Aunt Horse. Aunt Horse laughed and said: "Salt was melted by the water, that's why the salt bag became lighter, while cotton absorbed water, so the cotton bag became heavier."

请你涂上自己喜欢的颜色。
Please color the picture as your like!

蚂蚁和蟋蟀

Ant and Cricket

xià tiān　mǎ　yǐ men měi tiān dōu zǎo zǎo qǐ chuáng
夏天，蚂蚁们每天都早早起床，
xīn qín de láo dòng
辛勤地劳动。

In summer, the ants () got up early
in the morning, and worked hard.

yǒu zhī tān wán de xiǎo xī shuài tiān tiān jī li jī li de chàng zhe gē guò
有只贪玩的小蟋蟀，天天"叽哩叽哩"地唱着歌，过

zhe yōu xián de rì zi
着悠闲的日子。

There was a lazy cricket (), chirping every day and living a leisured

life.

mǎn shān biàn yě dào chù dōu yǒu shí wù mǎ yǐ men kuài lè de máng zhe bān yùn hé
满山遍野到处都有食物，蚂蚁们快乐地忙着搬运和

chǔ cún
储存。

The food was all over the place. The ants were busy carrying and stocking it.

xiǎo xī shuài duì zhèng zài gàn huó de mǎ yǐ shuō xiàn zài chī de zhè me duō
小 蟋蟀 对 正 在 干 活 的 蚂蚁 说 ："现 在 吃 的 这 么 多 ，

nǐ men gàn ma zhè me xīn kǔ ya xiū xī yí xià ba
你 们 干 吗 这 么 辛 苦 呀 ? 休 息 一 下 吧 ！"

Little Cricket ( ) said to the busy ants: "Why are you working so hard?
There is enough food. Have a break."

rú guǒ bú chèn xiàn zài shí wù duō de shí hòu chǔ cún yì xiē dào dōng tiān chī

"如果不趁现在食物多的时候储存一些，到冬天吃

shén me ya xiǎo xī shuài tīng le bìng bù lǐ huì jì xù wán lè

什么呀？"小蟋蟀听了并不理会，继续玩乐。

"What are we supposed to eat in winter if we do not stock now?" the ants replied. But the Little Cricket paid no attention to their remark and kept on playing.

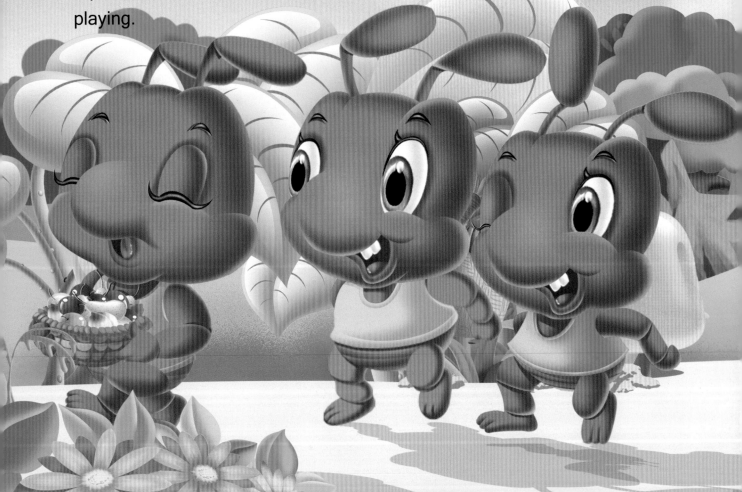

dōng tiān dào le　　màn tiān piāo wǔ zhe xuě huā　　xiǎo xī shuài dào chù zhǎo chī de

冬天到了，漫天飘舞着雪花，小蟋蟀到处找吃的。

Then the winter came, snowing heavily.Little Cricket (　) had to find food all around.

kě dà dì bèi hòu hòu de jī xuě fù gài zhe yì diǎn chī de dōu zhǎo bú dào
可大地被厚厚的积雪覆盖着，一点吃的都找不到。

xiǎo xī shuài yòu lěng yòu è
小蟋蟀又冷又饿。

But the ground was covered by thick snow. No food could be found anywhere. Little Cricket was cold and hungry.

xiǎo xī shuài lù guò mǎ yǐ jiā　cóng chuāng kǒu
小 蟋 蟀 路 过 蚂 蚁 家，从 窗 口

kàn dào mǎ yǐ men zhèng zài wēn nuǎn de jiā zhōng chī zhe
看 到 蚂 蚁 们 正 在 温 暖 的 家 中 吃 着

fēng shèng de wǎn cān
丰 盛 的 晚 餐。

When passing by the ants' home, he saw
through the window that the ants were having
a rich dinner in their warm house.

xiǎo xī shuài wú nài de qiāo kāi le mǎ yǐ jiā de mén　　mǎ yǐ xiān shēng
小 蟋 蟀 无 奈 地 敲 开 了 蚂 蚁 家 的 门："蚂 蚁 先 生 ，

wǒ　　　　wǒ
我 …… 我 ……"

Little Cricket cannot help but knocking at the door: "Mr. Ant, I···I···"

mǎ yǐ kàn dào xiǎo xī shuài de yàng zi, lì kè míng bái le, gǎn jǐn bǎ tā qǐng
蚂蚁看到小蟋蟀的样子，立刻明白了，赶紧把他请
jìn wū
进屋。

The ants ( ) understood immediately when they saw Little Cricket, and asked him to come in.

xiǎo xī shuài cán kuì de shuō　　yào shì xià tiān de shí hòu　　wǒ xiàng nǐ men yí yàng

小蟋蟀惭愧地说："要是夏天的时候，我像你们一样

qín láo jiù hǎo le　　mǎ yǐ men rè liè de gǔ qǐ zhǎng lái　　bié nán

勤劳就好了。"蚂蚁们热烈地鼓起掌来："别难

guò　　zhī cuò gǎi le jiù hǎo

过，知错改了就好。"

Little Cricket felt ashamed and said: "If I were working
as hard as you do in the summer,
I wouldn't be like this today."
The ants clapped their hands
and said: "Don't be sad,
know your mistake and
correct it."

请你帮助蟋蟀找到蚂蚁家。
Please help the cricket go to the ants' house!

小白羊和小黑羊

Little White Goat and Little Black Goat

nán shān zhù zhe yì zhī xiǎo bái yáng tā rèn wéi zì jǐ shì shì jiè shàng lì qì zuì

南山住着一只小白羊，他认为自己是世界上力气最

dà de xiǎo yáng

大的小羊。

Once upon a time in the South Hill lived a little white (　) goat, who believed that he was the strongest goat in the world.

běi shān zhù zhe yì zhī xiǎo hēi yáng tā xiāng xìn shì jiè shàng zì jǐ de lì qì
北 山 住 着 一 只 小 黑 羊 , 他 相 信 世 界 上 自 己 的 力 气

zuì dà
最 大 。

In the North Hill lived a little black (■)goat, who also believed that he was the strongest in the world.

zhè tiān liǎng zhī xiǎo yáng pèng dào le yì qǐ   xiǎo bái yáng jiāo ào de shuō   wǒ
这天，两只小羊碰到了一起，小白羊骄傲地说："我

de lì qì zuì dà   shéi yě bǐ bú guò wǒ
的力气最大，谁也比不过我。"

One day, the two little goats met each other, the little white (   ) one

said, "I'm stronger than any one else."

xiǎo hēi yáng bù fú qì　　wǒ cái shì shì jiè shàng lì qì zuì dà de ne
小黑羊不服气："我才是世界上力气最大的呢。"

The little black (■) one retorted: "I'm the strongest."

shuō zhe shuō zhe　　tā men jiù bǐ shì qǐ lái　　dì yī cì　　xiǎo hēi yáng shū le

说着说着，他们就比试起来。第一次，小黑羊输了。

And they fought while they talked. Little black () goat lost the first round of the fight.

dì èr cì　xiǎo bái yáng bèi xiǎo hēi yáng dǐng dǎo zài dì　xiǎo bái yáng shū le
第二次，小白羊被小黑羊顶倒在地，小白羊输了。

For the second round, the little white (　) goat fell on the ground and was defeated.

zhèng dāng tā men yào kāi shǐ dì sān cì bǐ sài de shí hòu　hū rán tīng dào yuǎn
正当他们要开始第三次比赛的时候，忽然听到远
chù yǒu rén zài hǎn jiù mìng
处有人在喊救命。

When they were about to start the third fight, suddenly, they heard someone crying for help.

yuán lái shì xiǎo tù zi diào jìn le yí gè dà kēng lǐ shàng bù lái le xiǎo bái
原来是小兔子掉进了一个大坑里，上不来了。小白

yáng qiǎng xiān yí bù shuō wǒ lái jiù nǐ kě tā méi lā dòng
羊抢先一步说："我来救你。"可他没拉动。

It turned out that it was a little rabbit ()who fell into a big hole and could not climb out. The little white goat rushed forward and said: "Let me help you." But he was not strong enough to pull the rabbit out.

xiǎo hēi yáng jiào dào　　ràng kāi　kàn wǒ de　　kě tā yě méi chéng gōng
小黑羊叫道："让开，看我的。"可他也没成功。

zuì hòu　hái shì liǎng zhī xiǎo yáng yì qǐ cái bǎ xiǎo tù zi lā shàng lái
最后，还是两只小羊一起才把小兔子拉上来。

The little black goat said: "Keep away, let me do it." However, he also failed. Finally, the two little goats joined together and pulled the little rabbit out of the hole.

xiǎo tù zi shuō　　nǐ liǎ de jìn ér zhēn dà　tài xiè xiè nǐ men le　　kě
小兔子说：“你俩的劲儿真大，太谢谢你们了！”可

liǎng zhī xiǎo yáng xīn lǐ dōu yǒu diǎn ér cán kuì
两只小羊心里都有点儿惭愧。

The rabbit ( )said: "You two are strong enough, thank you very much for your help!" Hearing what the rabbit said, the two goats felt ashamed.

liǎng zhī xiǎo yáng dōu shuō duì fāng de lì qì bǐ zì jǐ dà　xiǎo tù zi gèng jiā
两只小羊都说对方的力气比自己大。小兔子更加

pèi fú le　　nǐ men bù jǐn lì qì dà hái qiān xū wǒ yào xiàng nǐ men xué xí
佩服了："你们不仅力气大，还谦虚，我要向你们学习。"

When hearing the goats praising each other as being stronger, the little rabbit said, full of admiration for them: "You two are not only strong, but also modest. I shall learn from you two."

小海豚 双语童话

图书在版编日(CIP)数据

小熊学本领/侯冠滨编绘;蔡关平翻译.-北京:海豚出版
社,2006.6

(小海豚双语童话)

ISBN 978-7-80138-623-6

Ⅰ.小... Ⅱ.侯... Ⅲ.图画故事-中国-当代 Ⅳ.I287.8

中国版本图书馆 CIP 数据核字(2006)第 044071 号

书　　名	小熊学本领	
作　　者	侯冠滨　编绘　蔡关平　翻译	
出　　版	海豚出版社	
地　　址	北京百万庄大街 24 号　　邮政编码　100037	
电　　话	(010)68997480(销售)　(010)68326332(投搞)	
传　　真	(010)68993503	
印　　刷	北京外文印刷厂	
经　　销	新华书店	
开　　本	24 开(889 毫米×1194 毫米)	
印　　张	4	
版　　次	2006 年 6 月第 1 版　2010 年 1 月第 3 次印刷	
标准书号	ISBN 978-7-80138-623-6	
定　　价	10.80 元	